기
나
긴 청
춘

UN NOUVEL ÂGE JEUNE?

By Jean Viard

ⓒ Éditions de l'Aube, 2019

http://www.editionsdelaube.com

기나긴 청춘

Un nouvel âge jeune?
: Devenir adulte en société mobile

장 비야르 Jean Viard │ 강대훈 옮김

황소걸음
Slow & Steady

일러두기

1. 단행본과 잡지는 《 》로, 논문과 신문은 〈 〉로 표기했습니다.
2. 국내에 번역·출간된 단행본이나 논문은 번역 제목에 원제를 병기하고, 출간되지 않은 단행본이나 논문은 원제에 번역 제목을 병기했습니다.
3. 지은이 주는 미주[1]로, 옮긴이 주는 각주[*]로 처리했습니다.

어른 되기가 유예된 사회의 청년들

차
례

서문

　　참혹하기 그지없던 2차 세계대전이 끝나갈 무렵인 1943년, 교전국 내 출생률이 폭발적으로 증가했다. 속내를 다 헤아리기 힘든 수백만 개인의 선택이 전후 베이비 붐을 낳았다. 그렇게 태어난 청년 세대는 전쟁의 비극을 넘어 희망을 노래하고, 1960년대와 5월혁명,* 생태 운동과 인터넷 혁명의 주역이 될 터였다.

　　수많은 사람이 침대 위에서 전쟁, 죽음, 나치의 공

포와 증오를 거부하던 그때, 새로운 연령기로서 청춘이란 개념도 함께 태어났다. 1차 세계대전은 그렇지 않았으나, 2차 세계대전은 수많은 아기를 출산시킨 전쟁이었다.

———

* 1968년 5월 프랑스에서 학생과 노동자들이 주도한 사회변혁 운동으로, 68혁명이라고도 한다. 1968년 3월 미국의 베트남 침공에 항의해 아메리칸익스프레스 파리 사무실을 습격한 대학생 8명이 체포된다. 그해 5월 이들의 석방을 요구하는 학생들의 대규모 시위가 이어졌다. 여기에 노동자들이 동조해 총파업을 단행하면서 프랑스 전역에 권위주의와 보수 체제 등 종전 사회질서에 강력하게 항거하는 운동이 일어났다. 5월혁명 이후 프랑스에서는 평등과 인권, 표현의 자유, 공동체와 생태성 등의 근본적 가치를 기반으로 인간다운 삶을 억압하는 여러 현대적 삶의 조건을 문제 삼는 대안적 · 급진적 사상과 사회적 실험이 터져 나왔다.

전후 청년 세대는 종전 질서와 옛 믿음을 뒤흔들었다. 프랑스에서는 2차 바티칸공의회,* 5월혁명, 베트남전 반대, 군 복무 반대 등이 그 대표적 예다. 나 역시 그 세대로 우리는 음악과 여행, 청바지와 성적 자유, 반反 드골 시위 등을 통해 옛 세계에서 격렬히 벗어나려 했다.

사회학자 앙리 망드라스Henri Mendras가 잘 설명했듯이 '시골의 재발견'**도 큰 역할을 했다. 낡은 차 타

---

* 가톨릭교회를 대대적으로 개혁·쇄신한 21회 공의회. 1962년부터 1965년까지 로마에서 개최됐으며, 대화와 종교적 관용, 사회정의와 평화 등의 가치를 강조했다.

** 원문은 '농민의 종말la fin des paysans'이나, 반문화 운동의 주역인 청년과 도시민의 귀농 붐으로 전통적 의미의 시골이 사라졌다는 의미여서 의역했다.

기 운동, 귀농·귀촌 운동 붐이 크게 일어났다. 당시 청년 세대는 문화혁명을 주도하고 페미니즘에 큰 힘을 실어주는 한편, 지구 생태계가 병들어 착취당하고 있음을 알렸다.

　우리 자식과 손자 세대의 이야기는 전혀 다르다. 그들은 아이를 덜 낳고, 결혼에 관심이 없으며, 에이즈 시대***와 대량 실업 시대를 겪었다. 고도로 전문화·디지털화한 사회로 진입하기 위해 아주 높은 교육 수준이 요구되기 때문에 대부분 우리 세대보다 오래 공부한다. 학위와 독해 능력, 폭넓은 상식, 여행에서 얻은 견문 없이 지금 그들은 할 수 있는 일이 별로

———

*** 1983년부터 1995년까지 프랑스에서 에이즈 발병 환자가 증가한 시기.

없다.

물론 그들에게 섹스는 공공연한 비밀이 됐고, 인터넷 미팅·데이트 애플리케이션 미틱Meetic이 큰 성공을 거뒀다. 그럼에도 바뀐 세상의 룰과 거기 적응하기 위한 청년들의 분투는 유례없는 것이다.

무엇보다 1945년 이래 인간의 평균수명이 20년쯤 늘어났다. 1981년에 이른바 68세대는 노동계와 힘을 합쳐 정년퇴직 연령을 60세로 줄였다. 은퇴 후 길어진 여생을 즐겨보겠다는 생각이었다. 2차 세계대전 직후엔 퇴직 연령이 65세였는데, 당시 노동자 평균수명이 67년 2개월이었다. 오늘날 프랑스 여성의 은퇴 후 평균 여생은 29년이다. 좋은 시절이다. 퇴직 연령은 해마다 앞당겨지고, 그럼으로써 새로운 노년기가 탄생했다.

눈에 잘 띄지 않지만 적어도 현재 프랑스에서 민

주주의를 굴러가게 하고, 각종 협회와 동호회를 이끌며, 가정의 결속을 책임지는 이는 퇴직한 노인들이다. 나는 국가가 노인의 이 세 역할에 '참여적 시민citoyen engagé'이란 지위를 부여해, 매달 활동비 200~300유로와 추가 연금 수당을 지급했으면 싶다.

그렇다면 반대로 우리는 자문해야 한다. 평균수명이 늘어난 만큼 새로운 세대가 '어른이 되는' 데도 더 긴 시간이 필요하지 않을까? 프랑스인이 첫아이를 낳는 나이가 평균 30.2세라는 사실이 그 징표 가운데 하나가 아닐까? 이제 은퇴 후 길어진 여생보다 길어진 청춘을 고민해야 하는 것 아닐까?

이런 물음이 이 짧은 에세이의 주제다. 나는 이 책에서 노동과 어른의 세계로 진입하는 한길만 존재하던 시절은 끝났으며, 현재의 고용 시장 속 청년들을 단속성斷續性, intermittence*의 문화에서 재고해야 한다고 주장할 것이다. 그러려면 우선 현대의 시간과 노동관의 변화를 추적할 필요가 있다.

---

* 지은이는 프랑스 사회학자 안느 뮈젤Anne Muxel의 논의에 기대 청년기, 더 나아가 현대적 삶의 한 특징을 '단속성'으로 규정한다. 과거와 달리 현대의 개인은 일생 학업과 직장, 거주지, 배우자 등을 여러 번 바꾸며 경력 중단 후 새 출발을 할 수 있다는 것이다.

1

여가 혁명
시대의
노동

1900년, 서구인의 일생을 시간으로 환산하면 약 50만 시간이었다. 그들은 20만 시간을 일하고, 20만 시간을 잤다. 남은 10만 시간 동안 배우고, 놀고, 사랑하고, 싸우고, 따분해했다.

한 세기 후, 현대인은 약 70만 시간을 산다. 평균 수명이 40퍼센트가량 늘었지만, 수면 시간은 여전히 20만 시간 정도다. 예전보다 낮잠을 약 3시간 덜 자기 때문이다. 휴가 기간을 제외하고 주 35시간씩 42년을 일한다고 할 때, 이제 사람들은 평생 6만 7000시간 정도 일한다. 대학을 졸업하기까지 필수 교육 기간(약 3만 시간)을 제외하면 약 40만 시간의 여유가 생기는 셈이다. 우리 증조부들이 살던 시대보다 4배 많은 '자유' 시간이다.

이 놀라운 시간적 혁명은 주 5일 40시간 노동과 법적 휴가, 연금 수당, 각종 사회보장제도를 가능케 한 사회적 투쟁의 결과다. 예수가 살던 시절에 인간의 평균수명이 약 30만 시간이었음을 떠올려보라. (여기 제시하는 통계 수치는 세부적으로 논의할 여지가 있을지 모르나, 현대인이 맞닥뜨린 시간적 혁명의 큰 윤곽을 보여주기에 충분하다.) 오늘날 사람들은 깨어 있는 시간 중 14퍼센트를 노동에 할애한다. 1936년에 그 수치는 40퍼센트로 늘었고, 나폴레옹 시대에는 70퍼센트나 됐다.

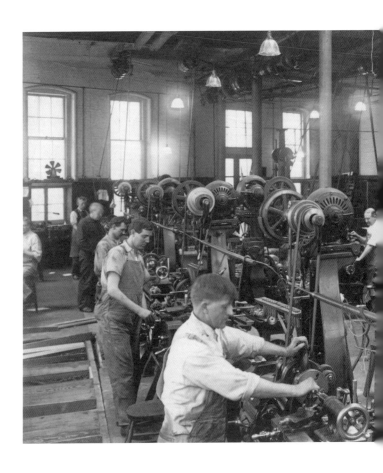

사람들의 자유 시간은 약 4배가 늘었지만, 이 시간을 겨냥한 시장의 규모는 10배쯤 증가했다. 책, 영화, 여가, 스포츠 장비, 여행, 자동차와 다양한 이동 차량 산업… 여가를 겨냥한 상품의 목록은 끝이 없다. (2008년 9월, 프랑스에서는 한 주에 소설 567종이 출간됐다!)

사생활에서도 상황은 마찬가지다. 미틱, 틴더 Tinder 외 여러 온라인 데이팅 기업이 만들어낸 섹스 시장은 이성 혹은 동성 간 만남의 가능성을 10배, 100배 이상 높였다.

시간적 혁명은 지금도 진행형이다. 우리 시대의 '멀티태스킹' 신드롬을 생각해보자. 운전하며 통화하고, 빠르게 식사하고, 아이들은 학교 수업 외에도 여러 가지 방과 후 활동을 하고… 생활 리듬은 가속화하고, 삶은 일분일초를 아껴 최대한 효율적으로 써야 하는 것이 됐다. 개인이 보유한 자원과 가능성이 늘어나면서, 옛날엔 상상도 못 하던 일이 삶의 우선순위가 됐다.

물론 여가와 소비가 늘수록 우리가 향유하고 소비하지 못하는 것의 목록은 더 빠르게 늘어난다. 우리가 보지 않는 영화, 읽지 않는 책, 관람하지 않는 경기, 하지 않는 여행, 경험하지 않을 데이트를 생각해보라.

역설적으로 평균수명은 길어지고 더 적게 일하는 사회에서, 사람들은 옛 세대보다 시간이 없고 잘살지 못한다는 느낌에 사로잡힌다. 우리가 하지 못한 것에서 오는 좌절감이 만족감보다 크기 때문이다.

'고객님의 시간을 아껴드립니다'라는 모토로 일하는 서비스산업이 호황을 누리는 것도 그런 조바심 때문이다. 식사 배달 서비스, 더욱 간소해진 기술로 여성 소비자에게 점점 어필하는 브리콜라주bricolage* 상점의 호황, 인터넷 기업 아마존의 성장, 도시마다 비치된 자전거와 킥보드, 기타 셀프 이동 기기의 인기, 일요일 오전과 평일 저녁을 포함해 점점 길어지는 상점의 영업시간을 떠올려보자.**

평균수명이 늘면서 생겨난 예기치 못한 결과 하나는 개인의 빈번한 진로 변경이다. 오래 살수록 우리 삶을 구성하는 개별 시퀀스는 더욱 짧아졌다. 전후 세

---

* 전문 업체에 맡기지 않고 실내 공간을 스스로 수리·개조·장식하는 모든 행위를 통틀어 일컫는 말. 영어의 DIYdo it yourself와 비슷한 뜻이다.

** 프랑스에서는 지금도 대다수 상점이 평일 저녁과 일요일에 문을 닫는다. 까르푸Carrefour나 모노프리Monoprix 같은 대형 마트가 일요일 오전 영업을 시작한 것도 불과 십수 년 전 일이다.

대는 자신이 눈감기 전에 자식들이 자리 잡고 살면 그 것으로 만족했다. 지금은 은퇴 후 두 번째 인생이 있고, 어떤 연령대에서도 새 출발이 가능하다. 거주지, 배우자, 스포츠, 문화 활동, 직장(실업의 두려움 때문에 늘 쉽게 바꾸진 못해도), 개인적 가치나 정치적 신념까지 바꿀 수 있다.

통계를 보자. 30년 전 정규직 노동자는 한 직장에서 평균 8년을 일했고, 현재는 11년을 일한다. 그러나 오늘날 프랑스의 고용 형태는 80퍼센트 이상이 단기 비정규직이다. 또 프랑스 수도권île-de-France에서 새로 결혼한 두 커플 중 한 커플은 5년 내 이혼한다.

역설적이게도 사람들은 삶이 불안정할수록 옛 세대의 전통을 후손에게 물려주려 한다. 그 이유는 단순하다. 이제 3대가 아니라 4대가 함께 살 수 있기 때문이다. 그 결과 지금 프랑스인은 자식과 손자, 증손자 세대에게 거의 증조부모 세대의 가치와 문화적 기호, 종교를 물려주고 있다.

급격한 사회변동이 야기한 사회적 긴장은 대략 2000년대 초반부터 훨씬 강해졌다. 여가 혁명이 인터넷 혁명과 결합해 우리 삶의 양식을 가늠할 수 없는 속도로 빠르게 바꾸기 때문이다. 다음 두 수치를 보자. 현재 프랑스의 신생아 가운데 60퍼센트, 첫아이는 68퍼센트가 정식 혼인이 아닌 관계*에서 태어난다. 고전적인 사회 모델로는 설명하기 힘든 사회가 도래한 것이다. 또 현재 프랑스에선 총인구보다 개인이 사용 중인 전체 휴대폰 숫자가 많다. 전 세계의 수치

---

* 혼외정사뿐만 아니라 동거나 기타 자발적 비혼인 관계를 포함한다.

를 보면 현재 인터넷 접속자 수는 약 40억 명, 휴대폰 사용자는 약 60억 명이다. 과거에 비해 더욱 자율화·유동화된 개인의 삶과, 인터넷이 가져온 연결성과 속도라는 2가지 흐름 사이에서 현기증을 느끼는 이들도 있을 것이다.

현대사회를 뒤흔든 근본 동력은 새로운 시간개념의 등장과 시간 사용의 혁명이다. 변화의 속도는 더욱 빨라지고 있다. 어쩌면 생태학은 더 긴 시간성에 대한 인류 최초의 정치적 사유인지 모른다. 그러나 우리는 아직 새로운 사회를 위한 총체적인 정치적 모델을 개발하지 못했다. 그래서 여러 가지 정치적 포퓰리즘만 난삽하게 실험하는 중이다.

전통 사회를 이끈 근본 동력은 공간이다. 사유지와 영토 확장이 그 사회를 움직였고, 시간(궁극적으로 죽음)에 대한 사유는 사제나 철학자의 몫이었다. 현재 우리가 사용하는 의미의 휴식repos 개념은 1860년대 이전에 존재하지 않았다. 그 옛날 휴식은 영원한 휴식, 즉 죽음을 의미했다. 당시 사람들이 금·토·일요일 가운데 하루를 쉰 것은 휴식이 아니라, 신에게 바치는 정성의 표현이었다.

당시엔 은퇴란 개념도 없었다. 은퇴는 19세기 말 영국인이 발명한 것이다. 그 옛날엔 노인이 되면 닭 모이를 주거나, 어린아이를 돌보는 등 '소소한 일'에 관여했다. 그러나 오늘날 지구의 모든 공간은 낱낱이 까발려졌고, 인간이 정복할 것은 시간밖에 남지 않았다. 경제학자 장 푸라스티에Jean Fourastié가 설명했듯이,[1] 일생의 순간순간이 새로운 모험의 대상이 된 것이다.

노동이
삶의 전부가
아닌 시대

과거엔 노동이 대다수 사람의 정체성을 결정했다. 가족 외 핵심적인 사회관계는 대부분 밭이나 공장, 상점 같은 일터, 학교나 노동자센터, 교회 같은 공동 공간에서 맺어졌다. 그러나 현대인은 생애의 약 10퍼센트를 노동에 할애할 뿐이다. 당연히 개인의 정체성도 다양해질 수밖에 없다. 이제 우리는 빵집 주인이나 은행원이면서 마라토너, 탱고 댄서, 지역 농업살림협회 후원자, 이혼 경력자, 요가 강사가 될 수 있다. 수명이 길어진 만큼 개인의 진로와 소속도 자주 변한다.

노동은 여전히 개인의 수입과 지위, 창조성과 직결된 중요한 사회적 표지지만, 더는 삶의 전부가 아니다. 평균수명의 90퍼센트 정도가 비노동 시간인 이상, 인간관계에서도 사생활이나 이웃, 자발적으로 참여한 협회나 동호회에서 만나는 이들이 더 중요해졌다. 늘어난 비노동 시간은 결국 '자기' 것이므로, 현대성을 시간의 개인적 사유화privatisation individuelle로 정의할 수도 있겠다.

오늘날 임금노동자, 특히 청년층의 첫 번째 관심사는 노동 외 활동에 부담을 주지 않고 자신이 꿈꾼 사생활을 영위하기에 충분한 급여를 받는 일을 찾는 것이다. 이 노동관은 노동을 거부하는 게 아니라 사생활을 수호하겠다는 의지다. 10퍼센트에 불과한 근무

시간이 남은 90퍼센트의 비노동 시간을 침해해선 안 된다는 것이다.

다시 말해 비노동 시간이 우리의 노동과 창조성을 규정하며, 재택근무식 자가 생산이 개인의 수입과 인간관계에서 더 중요한 시대가 도래했다. 이 새로운 사회에서는 일상적이고 소소한 협업 활동이 중요해질 것이다. 예를 들어 정원 가꾸기, 식사 준비, 다림질, 글쓰기, 교사 모임 참여, 친구들과 토론, 인터넷으로 하는 여행 예약, 시위 참여, 필요한 이들에게 조언 건네기, 좋아하는 동호회 활동에 열심히 참여해 간사로 선출되기, 여행, 데이트, 이사, 이혼, 위키피디아로 한 번쯤 들어본 작가 검색하기, 인터넷으로 거의 잊고 지낸 분야의 지식 업데이트하기, 정부 웹 사이트에서 공공서비스나 공립학교 교사, 공공 단체장 평가하기….

타인과 어울림 속에서 각자의 시간을 향유하는

이런 활동이 앞으로 개인의 삶에서 더욱 중요해질 것이다. 그렇다면 남은 과제는 개인의 일생을 구성하는 시간의 마디마디를 잘 보살피며 민주화하는 일이다. 프랑스민주노동총연맹Confédération française démocratique du travail, CFDT의 표현을 빌리면, 이제 새로운 시대의 '사회적 배낭 정책la politique du sac à dos social'*이 필요한 때가 됐다.

---

* 국가가 은퇴할 때까지 임금노동자의 삶을 보호하기 위한 각종 사회보장 혜택이 담긴 '사회적 배낭'을 제공해야 한다는 정책. 지은이는 청년 문제를 사회적 배낭 개념과 접목해서 해결하자고 제안한다.

자기 시간에 대한
권한 되찾기
업무에서 단절될 권리

역설적이게도 여가 혁명과 인터넷 혁명은 개인이 누릴 수 있는 '자기만의 시간'을 위협하고 있다. 그렇다면 우리는 아주 어린 시절부터 위의 두 흐름에 매몰되지 않는 법을 가르치고, 배워야 한다. 예를 들어 전화나 인터넷에 매몰되지 않고, 아이들을 학교 수업 외에 3~4가지 방과 후 활동에 보내지 않고, 특정 기간에는 뉴스나 신문을 보지 않는 습관을 들여야 한다.

자기 시간에 대한 현대인의 갈증은 요가와 에로티시즘 시장의 성장에서 잘 드러난다. 지난 1세기 이래 개인이 내밀한 관계를 맺는 파트너 숫자는 4~5배로 증가했다. 이런 현상은 어쩌면 자기 시간에 대한 지배력, 특히 가장 내밀한 시간을 되찾겠다는 몸부림의 표시인지도 모른다.

　　현대사회의 노동은 1900년대보다 육체적으로 훨씬 덜 힘들다. 그러나 대개 노동강도는 훨씬 높고, 더 스트레스를 받으며, 더욱 비대면적이다. 무엇보다 인터넷이 발달함에 따라 근무시간과 개인 시간의 구분이 모호해졌다. 인터넷 덕분에 퇴근한 뒤에도 업무에 접속할 수 있는데, 이는 노동자에게 스트레스가 되므로 법적인 규제가 필요하다. 업무와 '단절될 권리'는 현재 제도화하는 중이며, 차츰 사회적 공감대도 생겨나고 있다.

3 자기 시간에 대한 권한 되찾기 : 업무에서 단절될 권리

이제 개인이나 집단 차원에서 다양한 '단절'의 형태를 사유할 필요가 있다. 속도 중심 사회에서 진짜 자유란 자기 시간에 대한 통제권과 다름없기 때문이다. 이 점에서 (아이가 있는 젊은 부부에게 탁월한 정책이었지만) 주 35시간제가 완전한 성공은 아니었고,* 특히 육체노동에 종사하는 이에게는 더욱 그랬다. 주 5일 35시간 근무에 법적 휴가를 보장한다고 해서 자기 시간에 대한 진짜 권한을 가질 수 있는 것은 아니다. 진짜 자유란 목요일 오후 3시에 영화를 보고, 월요일에 자두를 따러 가거나, 다른 활동을 내 마음 가는 대로 할 수 있는 데 있기 때문이다.

관건은 근무시간의 '양'이 아니다. 물론 사람들은

---

* 프랑스는 2002년부터 주 5일, 35시간 근무를 시행 중이다.

투쟁을 통해 주 40시간, 주 39시간, 주 35시간 근무를 쟁취했다. 그러나 진짜 관건은 일상에서든, 장기적으로든 자기 시간을 마음대로 쓸 수 있는 권한이다.

생각의 실마리는 많다. 예를 들어 45세가 된 모든 노동자에게 안식년을 보장할 수 없을까? 고통스러운 실직이나 이혼 후에는 3개월 휴가를 법적으로 보장한다면? 여행이나 각종 연수를 위한 휴직을 장려하는 일은? 그게 아니면 새로운 근무 형태를 도입해도 좋겠다. 예를 들어 1일 근무시간을 더 늘리고 1년에 8개월 혹은 3년 중 2년만 일하면 어떨까? 주 4일 35시간을 일하고 3일을 쉬면 어떨까?

전후 세대에게 성공한 삶이란 안정적 삶의 3가지 요소(결혼, 집, 정규직)와 동의어였다. 그들은 집과 직장을 오가며 대체로 일만 생각하며 살았다. 반대로 현재 사회 모델은 불연속적이고 유동적이어서, 개인의 삶에 더 큰 자유가 생겼다는 인상을 준다.

그러나 이 자유를 선택해서 누리는 이들과 불가피하게 겪는 이들이 동시에 있음을 기억해야 한다. 누가 자발적으로 사직서를 쓰고, 배우자와 헤어지고, 거주지를 옮기는가? 누가 자기 근무시간을 직접 선택하는가?

우리는 이 중요한 문제를 풀기 위한 정책을 아직 충분히 개발하지 못했다. 종전의 사회정책은 대개 취약 계층에 안정적 생활을 보장하고자 한다. 물론 극빈층을 보호하기 위한 방편도 필요하다. 그러나 유동하는 현대사회에서 통용되기 힘든 사회 모델을 정책 개발에 계속 적용하는 것은 아닌지 자문해야 한다.

여가 혁명 사회에서는 비노동 시간이 노동의 질에도 영향을 미친다. 높은 생산성을 유지하려면 더 빨리, 더 자주 컨디션을 회복해야 한다. 따라서 바캉스나 여행을 떠나지 못하고, 인터넷에 접속하지 못하고, 여가나 문화생활을 즐기지 못하는 이들일수록 노동시장에서 더 배제된다. 이는 오늘날 학위나 연수 경험이 없는 것만큼이나 큰 결핍이다. 다시 말해 현대사회에서 정말로 소외된 이들은 온전한 자기 시간이 없는 이들이다. 이런 사람이 의외로 많다.

프랑스인은 해마다 60퍼센트 정도만 바캉스를 떠난다. 16퍼센트 프랑스인만 도서관에 등록돼 있으며, 3퍼센트 이하 프랑스인만 공립 극장을 방문한다. 2018년에 프랑스인 10퍼센트는 단 한 번 음악회에 갔다. 반면 그해 프랑스인 4200만 명이 전국 2000여 개 영화관에 갔고, 78퍼센트 프랑스인은 인터넷으로 문화생활을 즐겼다. 문화 활동과 여가에도 상당한 불평등이 도사리고 있다.

비노동 시간의 질이 노동의 생산성, 더 나아가 평생에 걸친 개인의 적응력에도 영향을 미치는 시대가 됐다면 우리는 자문해야 한다. 대다수 프랑스인은 유동하는 새 사회를 진정으로 원할까, 아니면 그저 견디고 있을까?

나는 후자는 아니라고 본다. 늘어난 비노동 시간은 삶을 풍요롭게 하고, 우리를 여러 제약과 타성에서 해방한다. 통계를 보면 현재 프랑스의 신생아 가운데 60퍼센트는 자발적인 비혼인 관계에서 태어난다. 월간지 《노트르탕Notre temps》에 게재된 프랑스 생활조건연구소Centre de Recherche pour l'ÉtuDe et l'Observation des Conditions de vie, CRÉDOC 조사에 따르면, 대략 둘 중 한 명이 은퇴 시 이사를 원한다.[2] 구인·구직 서비스 기업 카드르앙플루아Cadremploi가 2018년 여름에 조사한 바에 따르면, 프랑스 수도권의 간부급 인사 중 84퍼센트

는 파리를 벗어나 지방에 정착할 생각이며 70퍼센트
는 3년 안에 그럴 계획이 있다.[3]

　　물론 그들이 모두 실행에 옮기진 않겠지만, 그들
이 어떤 욕망을 품고 있는지 분명히 보여주는 조사다.
한편 2018년 봄에 프랑스 TV 채널 M6가 소개한 여론
조사 기업 입소스Ipsos의 조사에 따르면, 현재 프랑스
인 80퍼센트가 삶의 진로를 바꾸길 원한다.

　　50년 전만 해도 사람들은 세계와 삶을 단 한 번,
결정적으로 바꾸고 싶어 했다. 지금은 평생 여러 번 삶
의 진로를 바꾸기 원한다. 아마도 세상이 그만큼 빨리
변하기 때문일 것이다. 다른 말로 하면, 오늘날 사람들
은 정치적 혁명의 모델보다 개인적 혁명의 모델을 발
명하는 데 관심이 많다.

　　흔히 잦은 경력 변화는 불안을 낳는다고 하지만,
사실을 따져보면 꼭 그렇지는 않다. 프랑스 여론조사

기업 엘라브Elabe가 2019년 2월에 조사한 바에 따르면, 노란 조끼 운동Gilets jaunes*의 혼란 속에서도 73퍼센트 프랑스인이 행복하다고 대답했다.⁴ 반면 60퍼센트는 지구의 미래가 걱정된다고 말했다. 위기에 처한 것은 개인의 삶이 아니라 인류의 터전이라는 응답이었다.

실제로 사람들은 변화가 많은 유동적 삶을 안정적인 삶보다 낫고, 더 즐거우며, 더 매력적인 것으로

---

* 2018년 10월 이후 프랑스 정부의 유류세 인상에 반대하며 시작돼 전국적으로 확대된 시위. 참가자들이 노란 조끼를 입고 나온 데서 붙은 이름으로, 시위는 자발적·산발적·비조직적이지만 격렬하게 전개됐다. 대체로 마크롱 정부의 친기업적·신자유주의적 정책이 낳은 사회 불평등 심화와 저소득 서민층의 소외감이 주원인으로 지목된다.

여긴다. 새로운 삶의 모델은 강렬한 자유를 가져다준다. 물론 서민층이 그 자유를 쟁취하기는 훨씬 어렵더라도 말이다.

평균수명은 길고 근무시간은 짧아진 사회에서 개인은 여러 시퀀스와 진로 변경이 있는 모험적 삶을 추구한다. 불연속성은 그 사회의 룰이 됐다. 이제 나이에 상관없이 배우자나 거주지, 직업, 신념을 바꾸며 새 삶을 시도할 수 있기 때문이다.

옛 사회의 룰이던 '정규직, 결혼, 집'이 '모험, 시퀀스, 불연속성'으로 바뀌었다면 제기되는 질문은 이것이다. 안정적 사회 모델 속에서 보호받으며 살던 이들이 새로운 사회적 룰의 매력을 어떻게 깨달을 수 있을까? (예를 들어 프랑스 국유철도Société Nationale des Chemins de fer Français, SNCF 노동자나 기타 공무원을 떠올려보자.)* 유동하는 사회 속 개인을 안정성을 위해 투쟁하던 시대의 법률과 노조 문화로 보호하는 게 가능할까? 또 새로운 사회의 불안정성을 안전의 부재가 아니라, 자유의 약속으로 경험할 수 있게 하려면 어떻게 해야 할까?

---

* 프랑스 국유철도 노동자는 강성 노조와 잦은 파업, 데모 등으로 종종 프랑스에서 '철밥통' 집단으로 인식된다.

4

유동하는 사회에서
어른 되기

오늘날 어른이 된다는 것은 이전 세대처럼 결혼, 집, 정규직을 통해 자리 잡는 게 아니다. 이제 어른 되기는 불연속성과 불안정성을 중심으로 짜인 사회, 즉 변화와 단절, 새 출발의 능력을 요구하는 사회에 진입한다는 의미다.

내가 학생일 때 사람들은 말했다. "사람은 사는 동안 두 번 어른이 된단다." 한 번은 이중의 성인식, 즉 밥벌이하고 아이를 낳아 자기 부모에게 어른이 됐음을 증명할 때고, 또 한 번은 부모님의 상을 치르고 나서다. 그러나 지금 프랑스인은 평균 63세에 부모님의 상을 치르고, 평균 30.2세에 첫아이를 낳는다. 과거의 기준은 낡은 것이 됐다.

프랑스 국립경제통계연구소Institut national de la statistique et des études économiques, INSEE에 따르면, 현재 프랑스에서 25세 이하 급여 노동자 가운데 약 44퍼센트만 정규직이다. 나머지 중 16.3퍼센트는 연수생이고, 31.1퍼센트는 비정규직, 7.8퍼센트는 기타 임시직에 종사한다. 이 연령대 청년들은 대부분 학위가 없고, 직업 전문 과정에 있거나 학업 중이다.[5]

파리8대학의 사회학자 카미 푸니Camille Peugny에 따르면, 프랑스 청년들이 첫 정규직에 종사하는 평균 연령은 29세. 취업과 출산을 기준으로 보면 대다수 청년은 서른 살 무렵에 어른이 되며, 프랑스에서 청년기는 최소 10년 이상 지속되는 셈이다.

　나는 이 길어진 청년기가 점점 복잡해지는 현대 사회의 필연적 부산물이라고 생각한다. 다시 말해 오늘날 밥벌이하고 가족을 꾸리려면 대학 교육은 기본이고, 유동적이고 한 치 앞도 예측하기 힘든 세상의 변화와 불확실성에 대처하는 법까지 배워야 한다. 그렇다면 물어야 한다. 이렇게 복잡하고 불안정한 사회에서 청년들은 어떻게 어른이 될까?

　청춘la jeunesse이란 2차 세계대전 이후 서서히 구성된 정치적·사회적 범주다. 프랑스에서는 1968년이 청춘들의 승리를 알린 해다. 그 후 50년 사이, 프랑스의 청년기는 최소 10년 이상 길어졌다. 현재 16~30세 프랑스 청년들은 이렇다 할 지위도 수입도 없는, 긴 수업 과정에 있다.

나는 청년들이 학업, 노동, 여행, 사랑이라는 4가지 근본적인 청춘 수업을 통해 어른이 된다는 관점에서 출발하고자 한다. 어떤 청년들은 학업–사랑–여행–노동에 이르는 고전적 순서로 그 수업을 통과할 것이다. 학교를 그만둔 청년들은 긴 여행이나 봉사 활동, 스포츠를 할 수 있도록 도우면 된다. 시간이 흐르면 그들은 어떤 식으로든 학업을 재개할 것이다.

그렇지만 노동 경험 없이 공부만 너무 오래 시키지 않았으면 좋겠다. 어른이 되려면 배움의 요령뿐 아니라 세상 물정을 알아야 하고, 무엇보다 사람이 돼야 savoir-être 하기 때문이다. 언제든 새로운 삶, 새로운 경력을 시도할 수 있는 사회에서 고전적 연령은 점점 낡은 개념이 될 것이다.

우리는 리오넬 조스팽Lionel Jospin* 내각의 청년 노동정책이 어떻게 프랑스 사회를 위로했는지 기억해야 한다. 청년 실업이 청년층에게나 그들의 부모·조부모 세대에게나 가혹하리만치 부당하게 여겨진 그 시기에 말이다. 4가지 청춘 수업에 필요한 기한이 늘어나 청년기가 26세 혹은 30세까지 늦춰진다면, 우리의 과제는 청춘 수업에 필요한 수단을 민주화하는 일이다. 나는 프랑스의 고전적 교육철학을 근본적으로 다시 참조해야 한다고 본다. 1968년 5월부터 반세기가 지난 지금, 청년들에게 새로운 법적·사회적 지위를 부여할 때가 된 것이다. 나의 제안은 다음과 같다.

————

* 리오넬 조스팽은 프랑스의 사회당 소속 정치인으로, 1997~2002년에 국무총리를 지냈다. 임기 시 주요 업적은 주 35시간 근무제 도입, 청년 실업을 해소하기 위한 청년 일자리 31만 개 신설 등이다.

1 16~28세 모든 청년을 위한 프로젝트 기반 청년 수당을 신설해야 한다. 즉 16~28세 청년의 자립을 위한 4가지 청춘 수업(학업, 노동, 여행, 사랑) 기한을 제도화하고, 관련 수당을 지급해야 한다. 수당은 모든 청년에게 지급하고, 취직할 경우 50퍼센트를 감면하거나 프로젝트별로 지급해도 좋겠다. 예를 들어 모두가 차별 없는 청춘 수업을 누리기 위해 특별히 지원이 필요한 활동을 선별하면 된다.

노동 중인 비학업 청년들은 현재의 주거 지원금 Aide Personnalisée au Logement, APL 제도를 모델 삼아 주 최대 2일 치 급여에 한해 장학금을 주면 된다. 주 최대 2일간 노동하는 대학생들은 파리국제기숙사촌 CitéUniversitaire* 에 무료 기숙사를 제공하면 될 것이다. 모든 청년이 6개월 이내 전 세계 어떤 지역이든 여행할 수 있도록 장학금(1회 한정, 5000유로)을 지급해도 좋겠다.

2   벨기에처럼 연간 3000유로까지 청년 노동 소득에 한해 공과금과 각종 보험 부담금을 면제해야 한다. 그러면 많은 청년이 학업 중에 민간 기업이나 공기업의 노동 문화를 접할 수 있을 것이다.

3   위 항목은 기본적으로 학업 지원금이다. 그러나 향후엔 청년 수당이 종전의 여러 가족수당과 장학금을 대체할지도 모르며, (이와 연계된 청년 고용이) 대인 서비스나 관광업 분야의 여러 서비스 비용을 낮추는 데 기여할지도 모른다. 나는 청년들을 16세부터 독립적인 납세주체로 인정하고, 시골 지역에서는 16세부터 운전면허증을 발급할 것을 제안한다.

---

* 파리 남부에 있는 대규모 학생 기숙사 단지.

4 이 논리에 따라 결국은 법률을 개정해야 한다. 합법적 성교 가능 연령과 (세금 신고와 납부 의무를 수반하는) 노동 가능 연령을 고려해 투표 가능 연령을 16세로 앞당길 때가 됐다.* 현재의 청년들은 법적 성년이 21세에서 18세로 낮춰진 1974년에 성인들이 누리지 못한 다양한 수단과 경로로 놀랄 만큼 풍부한 지식과 정보를 접하고 있다. 청년들이 일하고 세금을 내는데도 공적 토론에 참여하거나 그들의 대표자를 지정할 권리는 주지 않는 사회는 어떤 사회인가? 오늘날 지역 차원에서 전개되는 다양한 청년들의 정치적 참여 요구와 참여 민주주의 사례, 예를 들어 아동협의회나 청년협의회 활동을 보라. 이는 모든 이에게 공적 결정 과정에 참여하고자 하는 욕구와 능력이 있음을 보여준다. 한 예로 현재 지구온난화를 공론화하기 위해 애쓰는 10대들을 보자. 그들은 자신의 미래에 대한 '권리'를 위해 싸우고 있다.

* 현재 프랑스의 합법적 성교 가능 연령은 15세, 노동 가능 연령은 16세,
투표 가능 연령은 18세부터다.

5 마지막으로 16세가 된 청년들이 여행의 의미를 발견하고, 프랑스의 상징적 장소를 체험할 수 있도록 10일간 국내 여행을 제도화해야 한다. 예를 들어 바스티유광장Place de la Bastille,* 샹젤리제 거리Champs-Élysées,** 베르됭Verdun,*** 생드니Saint-Denis,**** 파리의 이슬람교 사원, 카르펜트라스의 유대교 사원, 몽블랑, 지중해, 브르타뉴, 사클레Saclay***** 등을

* 프랑스 파리에 있는 광장으로, 프랑스혁명의 상징적 장소다. 1789년 7월 14일, 파리 민중이 이곳에 있던 바스티유 감옥을 습격했다.
** 파리 개선문에서 콩코르드광장까지 약 2km 거리. 화려한 대로에 각종 상업 시설과 명품관, 대사관 등이 있으며, 크리스마스 시즌 야경으로 유명하다.
*** 프랑스 북동부의 소도시. 9세기 프랑크왕국을 셋으로 분할하는 베르됭조약이 체결됐고, 1차 세계대전이 한창이던 1916년에 프랑스와 독일의 치열한 전투가 벌어진 곳이다.

직접 보면 좋겠다. 프랑스인이 된다는 것은 프랑스가 어떤 나라인지 안다는 뜻이니까. 여행하다 보면 자연스럽게 노동시장이 어떤 것인지도 체험할 수 있다. 어쩌면 여행과 고국의 명소 답사를 성인식으로서 모든 청년의 법적 의무로 제도화해도 좋겠다. 그 후에는 현재의 에라스무스 프로그램****** 처럼 외국 여행까지 모든 교육 단계의 주요 수업 과정으로 채택하는 안을 고민해도 될 것이다.

**** 파리 북부의 교외 도시. 유서 깊은 생드니 고딕식 성당으로 유명하다. 성당의 최초 건축 연대는 5~6세기로 추정되며, 역대 프랑스 왕족의 유해가 보존돼 있다.
***** 파리 남서부의 소도시. 여러 연구소와 그랑제콜이 밀집해 '유럽의 실리콘밸리'로 불리기도 한다.
****** 유럽연합 국가들의 교환학생 프로그램. 많은 유럽 청년들이 이를 통해 타국의 언어와 문화 등을 경험한다.

4 유동하는 사회에서 어른 되기

이 조항은 모든 청년에게 보편적으로 적용해야 한다. 현실적으로는 서민 지구와 시골 청년의 삶에 큰 도움이 될 것이다. 그러나 모든 청년에게 혜택을 제공하면 청년층이 결집할 뿐 아니라, 그들의 부모에게도 신뢰를 줄 수 있다.

무엇보다 모든 청년에게 4가지 근본적인 청춘 수업을 허락해야 한다. 현재 노동시장이 선호하는 인재는 여행과 학업, 연수 경험을 모두 갖춘 이들이다. 우리는 옛 세대의 교육 모델을 따르거나, 학업을 포기한 청년을 억지로 복학시키려고 애쓰지 말아야 한다. 그보다 여행, 스포츠, 각종 협회나 동호회 활동 참여를 장려할 수 있는 정책을 개발해야 한다.

마찬가지로 모든 대학생에게 장학금이나 파리국제기숙사촌 무료 입주를 조건으로 일주일에 1~2일 혹은 1년에 최소 한 달은 연수를 받을 수 있게 해야 한다. 이제 학업 기간이 너무 길어져 졸업 후 바로 직장 생활의 룰을 체득하기에는 무리가 있기 때문이다. 또 1968년 이후 50년 사이 대학생의 숫자는 60만 명에서 300만 명으로 늘어났다.

그래서 나는 16~26세 청년들이 임금노동으로 버는 개인소득 외에 기본 소득에 준하는 청년 수당을 받아야 한다고 생각한다. 그래야 자발적인 프로젝트형 여행이 가능해지고, 자립을 향해 가는 청춘기 10여 년이 풍성한 경험과 만남으로 채워질 수 있다.

한 학기 동안 일을 하고, 매달 400~600유로를 수당으로 받으며 반년 동안 남아메리카를 여행하고, 귀국했다가 다시 남아메리카로 떠나서 스페인어나 포르투갈어를 배우며 세계 한 귀퉁이의 극심한 빈곤을 발견하는 청년들을 상상해보라. 그들의 시야와 견문이 얼마나 넓어지겠는가?

마찬가지로 나는 프랑스 문화부가 청년들의 국내 여행을 제도화하기 바란다. 프랑스는 그들이 첫 번째로 읽을 책이기 때문이다. 청년들의 국내 여행을 장려하고 여름에 비어 있는 파리국제기숙사촌 기숙사를 제공하면 큰 비용이 들지 않는다. 행정 서비스를 조금만 개정해 그들에게 500유로 상당의 '문화 패스'를 지급하면 충분하다.

　　모국이란 추상적 개념이 아니라, 새롭게 평등 정신을 불어넣어야 할 구체적 공간이자 영토다. 또 예술적 창조의 보호와 지원뿐만 아니라, 모국의 자연과 유산, 내밀한 장소를 보호하는 문화가 만들어져야 한다. 그러면 프랑스 국토 여행이 도서관이나 박물관 방문만큼 중요해질 것이다.

　　4가지 청춘 수업을 통과할 때 특별한 순서는 없다. 학업을 그만둔 청년은 여행하면 된다. 대학생이라면 임금노동을 경험한 뒤에 친구들과 여행을 떠나도 좋겠다. 그런 여행은 사랑을 찾기에도 좋을 것이다. 그렇지만 이 어른 되기 프로젝트는 어제의 사회가 아니라 유동하는 현 사회를 위한 것이다. 과거의 불문율이던 '졸업 후 취직'은 이제 여러 어른 되기의 모델 중 하나일 뿐이다.

끝으로 프랑스에서 이른바 '불량 지구'라 불리는 지역에 거주하는 청년 50만 명 가운데 어느 정도 비율이 마약 거래나 매춘에 종사하는지 조사해야 한다. 프랑스 고등보안 및 사법연구소Institut national des hautes études de la sécurité et de la justice, INHESJ의 2016년 연구에 따르면, 현재 프랑스에는 상근직 23만 6000명에 준하는 인력이 마리화나 거래에 종사하며 그 시장 규모는 11억 유로에 달한다.[6] 부가가치세를 포함한 모든 세금과 사회보장 부담금도 납부하지 않고 말이다. 기타 마약 시장 규모는 30억 유로에 이르며, 10퍼센트가 넘는 프랑스인이 마약을 소비 중이고, 48퍼센트는 마리화나를 피운 적이 있다.

대략적 수치지만 이탈리아는 자국의 마약 소비 규모를 140억 유로, 영국은 50억 유로 정도로 추정했다. 다시 말해 공공 정책으로 창출할 수 있는 것보다 훨씬 강력한 고용 시장이 형성된 셈이다. 노동, 정규 학업, 모든 소속에서 배제된 청년층은 이 지하경제 시장을 통해 사회에 입문한다.

단순한 마약류 금지가 통하던 시대는 끝났다. 이제 적극적 규제의 시대다. 싱크탱크인 테라노바Terra Nova 연구소가 2018년 6월에 조사한 바에 따르면, 프랑스인 51퍼센트가 적극적 규제에 찬성한다. 이 '불량 지구'에는 국가가 규제하는 마약 시장뿐만 아니라 종종 테러리즘의 씨앗이 숨어 있다. 시민과 그곳 거주민의 두려움을 해소하기 위해, 여러 청년의 목숨을 앗아 가고 해당 지구의 발전을 저해하는 갱단의 전쟁을 중 단해야 한다. 자신들만의 어두운 '수업기'에 있는 이 암시장 청년들도 국가의 더 포괄적인 청년 정책 속으로 통합해야 한다.

5

사회적
징검다리로서
기업의 역할

이 시대의 과제는 새 세대의 열망과 생활양식에 부응할 수 있는 공공 정책을 개발하고, 개인의 나이와 경력에 관한 새로운 관점을 마련하는 일이다. 사회학자 안느 뮈젤의 표현에 따르면 선거나 사회참여, 노동에서 '단속성의 세대' 말이다.[7]

이런 대응도 민간 기업이나 공기업의 협력 없이는 불가능하다. 그렇다면 기업들도 새로운 삶의 리듬과 현대사회의 '불규칙한 박동 l'arythmie'에 적응할 역량

이 있어야 한다. 나는 여러 해 전부터 인생의 다양한 단계를 통과 중인 몇몇 청년 집단을 관찰할 기회가 있었다. 그 이야기를 해볼까 한다.

한 청년 집단은 대부분 학위가 없고, 반년쯤은 최저임금으로 일하다 반년쯤은 실업 상태에 있었으며, 남아메리카 출신 '흑인' 청년들이 섞여 있었다. 그들 가운데 한 명은 런던에서 웨이터로 일했고, 다른 한 명은 각종 자격증을 모으고 있었다. 한편 '부르주아' 청년들로 구성된 또 다른 집단은 학업 기간이 길고, 또래와 동거나 예술 활동, 정치적 참여를 번갈아 했다. 끝으로 너무 어려서 최저임금도 받지 못한 채 마약 거래에 종사하는 '불량 지구' 청년들 약 20만 명이 있었다. 이들 모두 언젠가 어른이 돼서 일을 찾아 가정을 꾸릴 것이다.

오늘날 대다수 청년은 대학을 마치고 각종 연수를 받거나 자격시험을 치른다. 그들은 여러 차례 진로를 바꾼 다음 느리게 사회로 진출한다. 사람들은 종종 그들에게 충고한다. 다양한 경험을 쌓고, '고용 가능성'을 높이기 위해 한 직장에 너무 오래 머무르지 말라고. 어쩌면 현시대는 끝없는 '변화 만능주의bougisme'* 혹은 끝없는 좌절의 시대인지도 모른다.

모든 청년은 결국 학업, 노동, 여행, 사랑이라는 4가지 청춘 수업을 거친다. 합법적 선거권과 '군인 될

---

* 철학자 피에르-앙드레 타귀에프Pierre-André Taguieff가 2001년에 출간한 《Résister au bougisme 변화 만능주의에 저항하다》에서 제안한 개념. 끝없는 변화와 적응, 이동을 강요하는 자본주의적 세계화를 비판하기 위한 것으로, '움직이다, 이동하다'를 뜻하는 프랑스어 동사 bouger에서 따왔다.

자격'이 부여되는 18세부터 긴 성인식을 거쳐 느릿느릿 어른의 삶으로 편입된다. 모든 세대가 그렇듯이 그 중 몇몇은 길을 잃기도 할 것이다.

이 새로운 세대와 동행하는 법을 모색하기 위해 2가지 흥미로운 고용 사례를 소개할까 한다. 하나는 평일 저녁과 일요일에 매장을 열고 싶어 한 브리콜라주 기업이며, 다른 하나는 영국에서 설립된 자전거 음식 배달 기업 딜리버루Deliveroo다.

한 브리콜라주 기업의 사례

한 브리콜라주 기업이 프랑스 수도권에서 평일 저녁과 일요일 영업허가를 얻으려고 내게 자문을 구한 적이 있다. 나는 주 5일제를 지지하고 주 35시간 근무제의 효과를 연구해온 사람이다. 해당 기업 간부들도 이 사실을 알고 있었다.

수도권에서 평일 저녁과 주말 영업을 허용하면 2가지 이점이 있다. 무엇보다 쇼핑이 편해지고, 특히 부부가 함께 장을 볼 수 있다. 브리콜라주에 관심 있는 여성 고객은 주말에도 쇼핑할 수 있다. 자문 시 내가 궁금한 부분은 노동자, 특히 그 시간에 일하는 청년들의 노동조건이었다.

　　회사에서는 청년들이 주 2일, 여름 한 달을 일하는 조건으로 학사 3년에 석사 2년, 총 5년간 학비를 지원했다. 근무시간 조정이 가능했기 때문에 쌍방에 득이 되는 계약이었다. 노동계약과 학업을 연계한 까닭에 청년들이 숙소를 구하기도 쉬웠다. 회사가 각종 보증을 서줬기 때문이다.* 또 소수 청년은 종종 회사의 관리자급 직원으로 채용됐다.

　　이런 상황에서, 향후 국가가 이 청년들에게 장학금이나 파리국제기숙사촌 무료 제공 형태로 다른 보조금을 지원해 노동에 지나치게 시간을 뺏기지 않도록 하면 금상첨화일 것이다. '조금만' 일한 학생들의 학업적 성취가 가장 뛰어나기 때문이다. 너무 많이 일한 대학생은 공부할 시간이 없고, 아예 일하지 않은 대학생은 졸업 후 직장 생활에 적응하는 데 어려움을 겪는다. 학업 중 여러 연수 과정을 경험하지 않은 이상, 그들의 고용 가능성도 훨씬 낮아진다.

자전거 음식 배달 기업 딜리버루의 사례

딜리버루는 파리와 몇몇 지방 대도시에서 활동 중인 자전거 음식 배달 서비스 기업이다. 배달원은 약 40퍼

---

* 프랑스에서는 개인이 방이나 숙소를 임차할 때, 신원이 뚜렷하고 경제력이 있는 제삼자의 보증이 꼭 필요하다.

센트가 학생이며 시급은 13.25유로로, 평균 주 수입은 228.5유로다. 배달원은 77퍼센트 이상이 30세 이하이며, 1년 이상 근무하는 이들은 33퍼센트 정도다. 그들의 평균 근무시간은 주 21시간이다. 딜리버루에서 근무한 이들 중 80퍼센트는 일에 만족했으며, 72퍼센트는 수입이 괜찮다고 말했다. 또 50퍼센트 이상은 3개월 만에 일을 그만뒀다.[8]

무엇보다 배달원은 자전거를 탄다는 사실에 만족했다. 자전거 타기는 일과 놀이, 학업과 학비 조달의 경계에 있는 활동이니까.

딜리버루의 사례는 주목할 만하다. 물론 인터넷 기반 중개업체가 알선하는 많은 일자리가 그렇듯이, 노동자를 보호하는 계약적 장치가 없다면 무책임하고 불안정한 노동 구조가 생겨날 수 있다. 그럼에도 두 기업의 사례는 현대의 개인과 집단의 요구에 부응하

는 새로운 노동의 경향성을 엿보게 한다.

　24시간 내내 쉬지 않는 사회의 리듬에 맞춰 딜리버루 배달원은 대부분 정규 근무시간 외에 일한다. 기업 내부 조사에 따르면, 배달원은 이 근무시간에 만족한다. 일이 제일 많은 시간은 금요일과 토요일 저녁, 일요일이다. 내가 보기에 이런 만족감은 본질적으로 그 일이 임시직(어쩌면 계절직)이기 때문에 가능하다. 잠깐 일하고 괜찮은 수입을 벌 수 있으니 좋겠지만, 평생 해야 할 임금노동이라면 이야기가 달라질 것이다.

　두 기업 노동자의 근무시간은 비슷하다. 토요일과 일요일 그리고 정규 근무시간 외 시간. 이렇게 되면 근무시간이 늘어나 한 주가 금요일에 끝나지 않으므로, 종전의 주 5일 노동 모델과 차이가 있다. 쉴 수 있는 주말을 보호하는 일은 중요하다. 궁극적으로 한 사회를 구성하는 가족과 세대 간 관계, 축구 경기 관람이나 마라톤 참여 등 규모가 더 큰 모임을 보호하는 일이기 때문이다. 사회란 개인 하나하나의 합이 아니라 이를 넘어선 총체적 구성체이며, 그걸 보호해야 한다. 그렇지만 새 시대의 요구도 부인할 수 없는 사실이며, 청년층을 겨냥한 새로운 노동 형태도 그 욕구에 관한 응답이라 할 수 있다.

두 기업 노동자 가운데 '투 잡'에 종사하는 청년들도 있다. 그들 중 절반은 대학생이 아닌데 그 청년들이 실직 상태인지, 생활비를 버는 것인지, 그런 파트타임 노동이 구직 활동 중 나쁘지 않은 용돈 벌이가 되는지 등을 연구할 필요가 있다. 혹시 비정규직 임금노동자도 보조 수입이나 생활비를 벌려고 거기서 일하고 있을까?

이런 노동 구조에서 기업과 국가(교육부)의 협약

체결도 고려해봄 직하다. 그런 식으로 학업을 포기한 청년들은 다시 공부하게 하고, 대학생이라면 장학금을 받게 도와주면 될 것이다. 딜리버루 배달원은 현재 '열린 교실Open Classrooms'* 플랫폼을 무료로 이용할 수 있다. 그들을 위한 사회보험 체제도 마련된 상태다. 같은 맥락에서, 이와 유사한 기업들이 청년 노동자에게 무엇을 제공할 수 있을지 더 깊이 숙고해야 한다.

하나 분명한 사실은 딜리버루 같은 기업들이 청년 노동자의 욕구 중 일부를 만족시켰다는 점이다. 유연한 근무시간, 야외 활동, 스포츠, 일에서 자율성. 다시 말해 이 기업들은 '단속성'의 세대, 즉 회사에 뼈를

---

* 학생들을 대상으로 온라인 취업 교육, 경력 코칭 서비스 등을 제공하는 프랑스 웹 사이트.

묻겠다는 식의 충성을 더는 믿지 않는 세대를 이해한 기업이자 그 세대의 응답을 받은 기업이다.[9]

그렇다면 이 책의 논지에 따라 나는 제안하고 싶다. 향후 이런 기업들의 과제는 청년들의 성인기 진입을 도와주는 사회적 징검다리가 돼야 한다. 위에서 말했듯이 학업을 포기한 청년들에겐 새로운 경력을 쌓을 수 있는 기회를 열어주고, 학업 중인 청년들은 원만히 성인기에 진입하도록 중개자 역할을 하면 된다.

처음 노동시장에 출현했을 때 여러 혜택의 대상이 된 혁신적 특성을 유지할 수 있다면, 어제의 혁신 기업은 내일의 사회적 기업이 될 수 있다. 반대로 우리가 주의를 기울이지 않는다면, 그들은 돈만 밝히는 반사회적 기업으로 전락할 수도 있다.

결론

청년 노동에 어떤 법적 지위를 부여할지는 다양한 논의와 협상, 보호가 필요한 문제다. 청년들의 학업과 여행, 각종 사회적 참여, 청년 노동의 임시성과 불연속성을 고려하면 더욱 그렇다. 지금의 학생회처럼 학업 중인 청년들뿐만 아니라, 청년기라는 범주를 아우르는 더 포괄적인 청년 조합을 창설해도 좋을 것이다.

본질적으로 청년들은 노동에서든 학업에서든

잠시 머물렀다 떠나는 뜨내기이며, 원래 뜨내기는 아방가르드다. 따라서 청춘기를 이런 뜨내기다움 intermittence* 문화에서 사유해야 한다. 청년의 이런 특성은 흠이라고 할 수 없다. 청년은 어른이 돼가는 '과정'에 있기 때문이다.

오늘날 청년들의 어른 되기는 긴급한 사회적 현안이 됐다. 따라서 임시직·비정규직 청년들이 살아온 이력을 연구해야 한다. 그들은 어디서 왔고 어디로 가고 있나? 어떻게 그들과 동행할 수 있을까?

내가 인용한 두 기업의 청년 노동 사례는 오늘날 점점 일반화되는 고용 모델을 보여주기 때문에 흥미

---

* 앞에 '단속성'이라 번역했지만, 여기서는 문맥을 고려해 '뜨내기다움'으로 옮겼다.

롭다. 이 모델은 한편으로 과도한 착취와 숨 막히는 고용 불안정성의 원인이다. 그러나 다른 한편으로 임시적·비정규적 고용 형태가 오히려 청년들의 청춘 수업을 도와주는 긍정적 고용 모델이 될 수 있다는 것, 그런 동반자적 고용 형태가 지금 긴요하다는 것도 보여준다.

나는 프랑스민주노동총연맹의 '사회적 배낭 정책'을 통해 청년 노동 문제에 접근하자고 제안한다. 어떤 노동계약을 통해 비정규직 청년 노동자의 권리를 보장할까? 큰 틀에서는 그들이 비정규직으로 근무한 햇수만큼 장학금, 건강보험 혜택 등을 보장하면 된다. 그 권리를 청년들의 '사회적 배낭'에 넣어주면 그걸 메고 어디로든 떠날 수 있을 것이다.

여기서 사회로 처음 진입 중인 청년 집단과 시장 불안정성에 시달리는 성인 노동자 집단을 구별해야 한다. 물론 기업도 인력 채용 시 두 집단을 구별한다. 그러나 이 책에서 설명한 '길어진 청년기' 현상을 이해하면, 두 집단이 얼핏 겹치면서도 뚜렷이 구별된 범주임을 명확히 이해할 수 있다.

이제 청년들의 4가지 청춘 수업(학업, 노동, 여행, 사랑)을 장려하는 방향으로 '청년'의 법적 지위 규정을 고민할 때가 됐다. 복잡한 현대사회로 입사入社하는 기간인 이상, 각 단계에서 발생할 수 있는 혼란과 어려움도 연구해야 한다. 어쩌면 16~26세 모든 청년에게 (각종 사회보험과 주거권을 포함한) 학생의 지위를 부여해도 좋겠다. 그러면 그들의 취업이나 학업 복귀, 여행이나 각종 프로젝트 도전에 도움이 될 것이다. 헌신적인 사회복지 인력이 청년층의 '청춘 여정'을 지켜봐도 좋을 것이다.

실마리는 얼마든지 찾아낼 수 있으리라 본다. 그

러나 부동의 결론은 1968년 이후 50년이 흐른 이래, 청년층의 자립과 어른 되기가 민주주의 가치의 수호는 물론 사회 전체의 긴급한 정치적 현안이 됐다는 것이다.

미주

1 Jean Fourastié, *Les Quarante Mille Heures*, Paris, Laffont-Gonthier, 1965.; rééd. La Tour d'Aigues, l'Aube, 2007.

2 Un Français sur deux pense déménager à sa retraite, *Or gris.org*, 15 mars 2017.

3 *Les villes préférées des cadres parisiens*, Étude Cadremploi, 28 août 2018.

4 *La France en morceaux, baromètre des territoires 2019*, sondage Elabe/Institut Montaigne, 19 février 2019.

5 Simon Beck et Joëlle Vidalenc, Une photographie du marché du travail en 2017, *Insee Première*, n° 1694, 18 avril 2018.

6 INHESJ, *Synthèse, rapport final pour la Mission interministérielle de lutte contre les drogues et les conduites addictives*, octobre 2016.

7 Anne Muxel, *Politiquement jeune*, La Tour d'Aigues, l'Aube/Fondation Jean-Jaurès, 2018.

8 *Baromètre d'image de Deliveroo auprès de ses livreurs*, vague 2, Harris Interactive, mars 2018.

9 Anne Muxel, *Politiquement jeune*, 2018, *op.cit.*

옮긴이의 말

2010년 이후 한동안 대한민국에서는 '헬조선' '삼포 세대' '열정 페이' 같은 말이 폭발적으로 유행했다. 그 무렵 한국 사회에 날아든 질문은 이제 다 함께 고민해야 할 숙제가 됐다. 무엇이 당시 20~30대 청년을 그토록 좌절케 했고, 지금 그들은 어떤 어른이 돼가고 있는가?

새 밀레니엄이 시작될 무렵, 프랑스도 비슷한 홍역을 치른 모양이다. 지은이에 따르면, 길어진 청년기는 평균수명과 여가가 증가한 시대의 필연적 부산물이다. 그는 어른 되기에 필요한 4가지 청춘 수업을 민주화해, 청년들을 유동하는 사회의 불평등과 불안정에서 최대한 보호하자고 제안한다.

우리나라의 국내총생산GDP이 미화 100달러 남짓 되던 시절, '먹고사는 일'이 코앞에 닥친 과제이고 보릿고개가 정말로 사람들을 배고프게 하던 시절이 있었다. 반세기가 훌쩍 지난 지금, 대한민국의 많은 청년은 다른 의미에서 '생존'을 걱정하고 있다. 충분치 못한 권리와 수당, 대우를 받으며 우리가 당연하게 누리는 많은 편리한 서비스를 제공하고, 그렇게 대한민국 경제의 하층부를 책임지는 저임금 · 비정규 청년 노동자도 많다.

장 비야르는 유동하는 현대사회 속 청년들을 근심하며 실질적 · 구체적 희망을 말하고자 한다. 몇몇

무책임한 언론이 그렇듯이 근엄하지만 별 대책 없는 비관은 누구나 할 수 있다. 다양한 집단과 세대가 어우러져 살아가는 터전으로서 사회, 그 사회를 있게 한 역사라는 시간적 지평, 그 안에서 구체적 희망을 모색하는 일이 정말로 어렵다. 이 책이 대한민국의 청년 문제를 이해하는 데 조금이나마 도움이 되면 좋겠다.

기 나 긴 어른 되기가
유예된
사회의 청년들

청 춘

펴낸날 | 초판 1쇄 2021년 2월 5일

지은이 | 장 비야르(Jean Viard)

옮긴이 | 강대훈

만들어 펴낸이 | 정우진 강진영 김지영

펴낸곳 | 도서출판 황소걸음

디자인 | 홍시 happyfish70@hanmail.net

등록 | 제22-243호(2000년 9월 18일)

주소 | 서울시 마포구 토정로 222 한국출판콘텐츠센터 420호

편집부 | 02-3272-8863

영업부 | 02-3272-8865

팩스 | 02-717-7725

이메일 | bullsbook@hanmail.net / bullsbook@naver.com

ISBN | 979-11-86821-52-7 03330